Habilidade

Habilidades para la Vida

¿Cómo lograr una existencia feliz?

Fátima Pérez B.

Habilidades para la Vida.

Fátima Pérez Bravo.

Agosto 2021.

ISBN: 9798455038617

Sello: Independently published

AGRADECIMIENTO

"Por ser los extraordinarios jardineros que, con su amor, hacen florecer mi existencia"

Quiero decir, Gracias:

A Ud. Maestro Francisco Navarro y familia, por sus enseñanzas y motivación, mi eterna gratitud.

A mis Familiares y Amigos por su apoyo en la realización de este proyecto y de tantos otros, mi Señor los millonice.

A Uds. Personas maravillosas que leen este libro, gracias.

A María, Madre Divina, que nos legó la fortaleza espiritual y la fe.

Mi más especial y profundo agradecimiento a mi Guía Espiritual, quien siempre y en cada momento está presente en todas las tareas de mi vida, con su intensa luz de amor. A mi Jesús.

Fátima Pérez Bravo.

Dedicatoria

Dedico este libro.

Con todo mi amor:

A mi Madre, quien me enseñó las primeras letras.

A mis Hermanos y Familia, por su apoyo incondicional.

A mi hija Martha Luciana, a mis niños David Jhophiel y Uriel David, porque son la fuerza motivadora en mi vida.

Y en memoria de mi amado Padre, que me inculcó los valores y principios para lograr una convivencia armónica.

Fátima Pérez Bravo

Presentación

Frente a la necesidad imperiosa de mejorar nuestra calidad de vida, sentí el deseo de escribir este libro que encierra experiencias de la vida propia en el diario convivir, experiencias compartidas con otras personas quiero ofrecer una reflexión mediante su lectura y que nos lleve al encuentro con el ser. Brindar desde la actividad áulica la posibilidad de evolucionar en nuestra calidad humana, en el hogar y en la escuela debemos fomentar las buenas prácticas sociales. Es así que quiero ofrecer al lector factores que ayuden a desarrollar la capacidad de enfrentar los distintos desafíos y obstáculos que se presentan a diario.

El interés y la motivación que se tenga para continuar y fomentar nuestros propios valores, capacidades, habilidades, destrezas y la confianza en nosotros mismos, nos permiten ubicarnos en el aquí y ahora, saber que venimos al mundo para ser exitosos, triunfadores y felices.

Fátima Pérez Bravo

¿Qué son las habilidades en la vida?

Son un conjunto de actitudes, conductas y destrezas que permiten fortalecer las relaciones con sus semejantes y que forman la base de su comportamiento social, estas pueden ser adquiridas y aprendidas en su contexto. Un ser humano, competente socialmente, posee y hace uso adecuado y efectivo de sus habilidades sociales. En el entorno en el que nos desenvolvemos, debemos aprender a expresarnos, a mantener una buena escucha. Es necesario que cuando una persona se dirige a nosotros, no tener a nadie a nuestro lado, es decir, ninguna preocupación para poderla escuchar, mirarla detenidamente y que ella sienta, en ese momento, que es escuchada.

Ser asertivos, decir las cosas a la persona adecuada, en el momento y en el lugar adecuados.

Mantener empatía, ponernos en el zapato de los demás. No juzgar si no conocemos las circunstancias que han impulsado a esa persona a actuar. Reconocer nuestros errores y pedir disculpas, solicitar ayuda en caso de ser necesario. Afrontar las críticas, tener poder de convicción, dar nuestra opinión, respetando la ajena.

Es necesario lograr **autocontrol emocional**, cuando resolvamos conflictos, busquemos alternativas de paz. **Ser optimista**, reconocer que poseemos facultades y debilidades, que la sabiduría viene con nosotros, que, a lo largo de nuestra vida, adquirimos varios conocimientos, pero reconozcamos que los otros también tienen conocimientos, esto nos va a servir para trabajar en equipo, valorando los talentos de cada uno de los que forman ese equipo así obtendremos grandes resultados. Entre las habilidades que debemos manejar está el **Autocontrol**. En el autocontrol, va la autoevaluación. Cómo voy desarrollando cada una de mis acciones, dónde tengo que hacer un alto, qué tengo que mejorar, para volver a comenzar mi vida, a reinventarme, a hacer esa reingeniería que necesito.

Control de impulsividad, hay muchas cosas que me pueden cambiar mi carácter, mi temperamento, pero ahí viene el control de mis emociones.

Debo manejar el estrés, hay técnicas para poderlo controlar, que más adelante las proyectaremos.

Ser persistente en todo lo que anhelamos, tener correcto enfoque de las propias emociones, no podemos ocultarnos, no tenemos que perder el poder de emocionarnos, siempre tenemos que ser reales, auténticos, en nosotros cabe la alegría, el llanto, y demostramos cada vez que tenemos que hacerlo. No solamente nos pongamos una careta, sino que aprendamos a hacer reales.

En la toma de decisiones y solución de problemas: reconocimiento de los problemas que se suscitan, o situaciones que podemos llamarle, consciencia de esos sentimientos que nos provocan y esas emociones, saber que todo en la vida tiene una solución, para eso tenemos que tomar las decisiones respectivas, con metas realistas, manejando una consciencia de estrategia de adaptación a diferentes situaciones. Soluciones divergentes, manejar planeamiento, un comportamiento congruente en función de lo que nosotros tenemos y las metas fijadas.

En la comunicación, siempre debemos tener comprensión de la comunicación no verbal, por eso, es necesario observar la naturaleza, dialogar con ella, observar cada gesto, cada mirada, cada señal que manifiestan los seres humanos, mientras están frente a nosotros, muchas veces hasta en distancia. El no mirar a los ojos a una persona, al no observar sus actitudes, podemos perder cosas maravillosas de ellas y también de poder ayudar en un momento oportuno. Recuerden que hay personas que, a base de un gesto o una palabra, solicitan un poco de ternura y comprensión. Cuantas veces nos perdernos el espectáculo maravilloso que nos da la naturaleza, al no mirar el horizonte, al no contemplar el vuelo de las gaviotas, al no escuchar el ruido de los árboles, al no sentir como nos abraza el viento y nos acaricia. Nos quedamos absortos en cada una de las situaciones y no miramos como brilla el sol, como nos acaricia con sus rayos, no apreciamos la alegría de la tierra cuando siente la lluvia, esa lluvia que nos demuestra a nosotros prosperidad.

¿Qué actitudes y valores hemos obtenido en función al desarrollo de habilidades?

Cuando nosotros desarrollamos nuestras habilidades, nos respetamos, conocemos que somos personas capaces, podemos ser honestos, tener sentido de la propia responsabilidad, con ese deseo constante de mejorar, hay una aceptación de uno mismo, mantenemos alta autoestima. En cuanto a los demás, logramos una consciencia de normas y valores sociales, con mayores amigos, llevarnos mejor con nuestras familias, mantener un rol preponderante en la sociedad, aceptando las diferencias individuales, hay respeto por la dignidad humana, consciencia, preocupación y compasión por los demás, valoración por la cooperación, somos más solidarios, motivación para resolver problemas interpersonales y contribuimos en la felicidad de ellos. En cuanto a la percepción de la vida, nos comunicamos de forma firme y constante, reconocemos el aquí y el ahora. Vamos a valorar que venimos con una misión que nos dio el Gran Creador del Universo, que somos dueños de esta transformación universal, que somos cocreadores del universo, que podemos continuar esa misión que nos dio nuestro Jesús. Embellecemos la Tierra, cultivamos la Tierra. Nos unimos más a los otros seres humanos, y vemos en cada uno de ellos, ese rostro vivo de Jesús, nos humanizamos.

Las dificultades en el aprendizaje y desarrollo de las habilidades sociales.

Las habilidades sociales incluyen una serie de aprendizajes motores, contacto visual, lenguaje corporal, comunicación no verbal, conducta verbal, afectivos, identificación de la consciencia y expresión adecuada de los sentimientos y emociones, y aprendizaje cognitivo cuando hay una comunicación asertiva adecuada.

Cómo la aceptación social influye, determinantemente en la autoestima del niño, del joven, si este ser humano se siente querido y aceptado por sus compañeros, por las personas que lo rodean, será una persona feliz. Un ser humano rechazada e ignorado por sus compañeros, por sus amigos, posee una baja autoestima, desvalorización personal, y si es menor, corre riesgo en su infancia y en su adolescencia, puede recurrir tranquilamente al camino de las drogas, de la violencia.

Las dificultades de la relación interpersonal existen independientemente en aquellos niños en los que no se ha potenciado las habilidades sociales, sean estos en la situación cognitiva, afectiva o emocional. El niño, el joven, que no cuenta en su repertorio con habilidades necesarias para realizar una afectiva interacción social, va a ser carentes de estímulos, de emociones, repercute en su aprendizaje, este a desmejorar.

Va a tener un comportamiento social agresivo, porque no hay estímulo y hay bloqueos, se convierte, en una persona insegura, con sentido de inferioridad, que siempre va a sentir temor a no lograr las cosas, al rechazo social, pensamientos depresivos, va a tener una pobre habilidad para comunicarse asertivamente y solucionar problemas, bajo desempeño de la empatía, bajas expectativas, ansiedad, comportamiento agresivo o pasivo, comportamiento motor deficiente, ausente en clase, deficitario, excesivo en intensidad, duración o frecuencia. Él mismo va a lograr auto afirmaciones negativas, creencias irracionales, discriminación, déficit en percepción, indefensión, pensamientos auto derrotistas y frustración.

Los problemas de habilidades sociales cuando hay carencia de ellas, repercuten de tal manera, que estas personas pueden terminar en suicidio. En los niños y adolescentes, estos problemas de habilidades sociales se clasifican así:

Niños con déficit sociales: Se refieren a niños con conducta inhibida y silenciosa, que generalmente evitan el contacto social, son niños ignorados, rechazados y elegidos en pocas o nulas medidas por sus compañeros. Los profesores los miran como niños tímidos y tranquilos, lo cual es muy peligroso, porque refuerzan dicha conducta. Son niños que no inician y responden las interacciones sociales, son inseguros, apáticos, reservados, introvertidos e indiferentes. Generalmente juegan solos, y cuando lo hacen con sus compañeros, en poca cantidad y calidad. Uno los puede observar cuando son niños o adolescentes en el receso, porque se encuentran sin compañía, permanecen aislados y tienen pocos amigos, temen al rechazo social y poseen sentimiento de inferioridad. En determinadas ocasiones, su comportamiento es reforzado por los adultos, pues son niños que no causan problemas y, por lo tanto, nada los motiva.

Hay otro grupo que son los niños con exceso. Se refiere niños con conducta agresiva, impulsiva, y explosiva, en mayor frecuencia, intensidad y duración de lo esperado, son niños rechazados y que reciben altas puntuaciones sociales, pero de aspecto negativo. Los profesores lo miran como niños agresivos e hiperactivos. Las actitudes de este tipo de niños son beligerantes e imprescindiblemente hostiles.

Son niños que ignoran y violan los derechos de otros; molestan, amenazan, insultan, menosprecian, violentan, humillan, dominan, como que provocan, agreden y desprecian a los demás, usan violencia física, verbal, y gestual, son crueles e irritables y sólo se preocupan por conseguir sus intereses, sin tomar en cuenta otras personas. Son niños mandones, se meten en discusiones y peleas, y desafían la autoridad. Los profesores los acusan de perturbar la dinámica de grupo. Son niños que hacen pasar mal a los demás, sus compañeros los minimizan, y evitan el contacto con ellos.

Utilizan estrategias que a corto plazo le reditúan en resultados efectivos, pero que a la larga estos niños salen perjudicados, van creciendo con este sentimiento de rechazo, odio, venganza, frustración y humillación.

Cuando crecen y se vuelven adultos, son aquellas personas que son fatalistas, hombres o mujeres, sienten apatía y rechazo por los demás, es como si odiarán al mundo y odian a sus semejantes. Se van en contra de la naturaleza, destruyen plantas, animales, violentan de una manera que se haga notar la presencia de ellos, carentes emocionales.

Se habla del entrenamiento de las habilidades sociales, que es una estrategia de enseñanza en la que se emplea distintas técnicas conductuales y cognitivas, que promoverán desde el niño, al joven, el adecuado desarrollo de habilidades sociales con el fin de incluir en su repertorio social, aquellas actitudes habilidades estrategias que le permitirán modificar esas actitudes y comportamientos que le perjudican, para reforzar conductas afectivas y para extinguir las inefectivas. El entrenamiento de las habilidades está formado por elementos que deben ser reforzados.

El entrenamiento de habilidades. Se enseñan conductas específicas, se practican y se refuerzan. Se hace mediante los juegos, mediante técnicas, que el niño, la niña, el joven, el adolescente, aprenda a quererse, a valorarse, a saber, que el mundo les pertenece, y que cada uno de ellos puede tener todo lo que anhelan de una manera positiva. Siempre se les habla con pensamientos positivos, con frases de motivación.

Reducción de la ansiedad en situaciones sociales problemáticas y control de la impulsividad. Se realizan ejercicios de armonización personal, se le trata de reeducar mediante juegos. También aquellos niños, ya pueden, dependiendo de la edad a realizar meditaciones, a practicar técnicas de relajación.

Reestructuración cognitiva. Se modifican aspectos cognitivos como creencias, expectativas y el auto lenguaje del niño. Se les hace concienciar sobre cuáles son sus potencialidades y sus debilidades, que valoren sus talentos. Se les hace trabajar el proyecto de vida. Se les estimula en cada momento. Se les hace dibujar personas, que se dibujen ellos, y que sepan resaltar todos los aspectos positivos que les pertenecen, se les apropia de sus pensamientos positivos.

Herramientas afectivas en la solución de problemas. El objetivo principal en el entrenamiento de las habilidades sociales, es lograr la adecuada adaptación del niño y del adolescente a su medio social, y eliminar comportamientos inadecuados, mediante el juego, que hay ganadores, hay perdedores, se les enseña que, mediante la práctica, se logran resultados específicos, en el caso de los ganadores, pero que en un juego ellos tienen que mantener normas, reglas, disciplina y siempre mantener la empatía con sus compañeros.

El entrenamiento de las habilidades sociales se debe de iniciar en los primeros años de vida, desde cosas muy sencillas en el hogar, el niño tiene que aprender a decir, gracias, permiso, por favor, cada vez que solicite algo y ser considerado con cada una de las personas, con los seres de la naturaleza. No se debe permitir el maltrato del niño hacia las plantas, hacia los animales, porque esto incidirá en su conducta el día de mañana.

Aprender a pedir disculpas, aprender a reconocer el valor de los demás, saber, observar con los ojos del alma lo que es la belleza, por eso desde los pequeños deben aprender a amar el arte, la música, la poesía, el teatro, la pintura, todo esto ayuda con el desarrollo de las habilidades sociales. Cuando la persona ya es mayor y ha habido un desfase en el aprendizaje de sus habilidades sociales, tiene que volver a la práctica cotidiana. El saludo, el orden, el respeto hacia sí mismo, la cultura de la salud, el saber que necesita la prevención en su economía, el uso correcto de su lenguaje, la auditoria de su tiempo, que se reconozco y se valore, como un ser creativo, como la obra maravillosa de la creación con la que Dios lo trajo al mundo.

Técnicas para el aprendizaje y desarrollo de las habilidades sociales.

El entrenamiento auto instruccional, la instrucción verbal el modelado, el roleplay, la práctica oportuna y encubierta, reforzamiento, retroalimentación, tareas en casa.

Anterior al uso de cualquier técnica se debe realizar una descripción verbal de la habilidad, esta descripción incluye la explicación de la importancia, la relevancia, la aplicación de la habilidad a ser enseñada, se debe motivar a los niños y jóvenes a la obtención de dicha habilidad con cuestionamientos y preguntas relativas , por ejemplo, ¿Qué pasaría si le quitas algo a tu compañero?, ¿Qué harías tú si eres a la persona que se la quitan?, ¿Qué pasaría si alguien te presta algo y no te dice gracias?, ¿Cómo te sentirías? ¿Qué pasaría si una persona te empuja y no se disculpa? ¿Cómo actuarías? ¿Lo volverías a empujar?, ¿Qué crees que se puede hacer?, ¿Qué te gustaría hacer o decir?

El entrenamiento auto instruccional, es la forma en la que uno aprende hablarse así mismo, antes, durante o posterior a una interacción social, es una técnica muy poderosa, porque uno se habla, se dirige hacia una propia actuación.

Habilidades para la Vida

Con esta técnica se pretende que la persona use su auto lenguaje como planificador y regulador de su propia conducta para enseñar el lenguaje auto instruccional, el adulto hace una demostración hablándose a sí mismo en voz alta y el niño observa. Mira lo que hago y escucha lo que digo, posteriormente, sus padres o maestros le dicen ahora es tu turno habla, háblate a ti mientras yo te voy indicando que decirte. El niño se auto instruye, luego en voz baja y por último en silencio.

Este es el caso cuando el niño tiene que controlar sus emociones o colocarse en el zapato de los demás, esto ayuda también a la persona adulta de repente es una práctica cotidiana.

Tenemos un ejemplo, cuando alguien no contesta el teléfono y la persona piensa que si no le contestaron no le quieren hablar o porque están en una situación equivocada o comprometedora, no preguntan, sino que inmediatamente sacan su propia conclusión, dan su manifiesto de enojo, cuando la realidad es que a la otra persona o bien se le quedó el teléfono, se le perdió o se le descargó, por lo tanto se pide siempre que se haga un alto, si llamo y no me contestan, yo mismo me respondo y concluyo, la persona estará ocupada, pero no sacó conclusiones adelantadas.

También se deben presentar problemas o tareas donde se cuestionen qué debo hacer, ¿qué necesito? Auto instrucciones que guíen la propia conducta frente a una situación desagradable. Manejar emociones, respirar tranquilo, siempre sonreír, que nadie te robe la alegría y la paz. El ser humano tiene que autoevaluarse "Esto me está saliendo muy bien", ¿Voy por el camino correcto?, realizar la autocorrección afrontando errores reaccionando ante ellos, me equivoqué, la próxima vez que lo intente lo haré mejor y auto reforzarse. Soy una persona muy inteligente, nací para ser feliz, sé que mi mundo lo contiene todo, tengo una fuerza creadora que me impulsa a seguir adelante.

Instrucción verbal aplicada a la enseñanza de las competencias sociales, es decir, el lenguaje hablado para describir, explicar, definir, preguntar o pedir comportamientos personales es instrucción muy común y espontánea.

Técnica de modelados, al niño se lo pone a observar modelos que evidencien las conductas lo que es conveniente, o no aprender, aquí se puede trabajar también con aquellos emoticones donde demuestran diferentes sentimientos, para que evidencien como ponemos nuestro rostro frente a los demás cuando hay una situación adversa o cuando estamos felices. El uso y el reconocimiento de las emociones. Los efectos del modelado se incrementan, cuando el modelo que nosotros presentamos, tiene relación a la edad, intereses, sexo, del sujeto en acción se hace la presentación de una forma clara, detallada. Además, se le presenta videos al niño para que pueda ir aprendiendo a ser observador.

El observador, en este caso, el niño, adolescente, o adulto, gusta del modelo y siente atracción por él, se ve reflejado en esa persona, él tiene que observar, retener, y reproducir un comportamiento deseado

Los padres, maestros, deben encargarse de reforzar conductas que se aproximen a las conductas deseadas en los niños. Sabemos que mucha gente festeja comportamientos no gratos, en el caso de que alguien le pasa comida al niño y a este no le agrada, la arroja, si las personas a su alrededor le aplauden, esta conducta, tengan por seguridad, se volverá a repetir en cualquier momento por este niño, porque cree que esto ha sido bueno para él.

En la práctica, ensayo, ejecución, de las conductas que el niño tiene que aprender, de tal manera que las incorpore a su repertorio de habilidades sociales, y logré exhibirla en las situaciones adecuadas. Ej. El buen uso de las sillas, cómo debe sentarse en una mesa, cómo debe escuchar, cómo debe estar atento a las explicaciones que se dan, las palabras adecuadas del saludo, del permiso, del por favor, de las gracias, del me permite, bien pueda, cada una de estas prácticas deben ser asumidas desde los primeros años y los adultos se constituyen en testimonio de estas prácticas, para lograr que se afiancen en ellos.

Roleplay es la práctica de conductas en situaciones simuladas o artificiales, en una dramatización en la que un adolescente, un niño, niña, adopta un papel y ensaya la conducta deseada, imitando las conductas observadas en los modelos y actores, es por eso necesario que cuando vaya al cine o, cuando los niños miren la televisión siempre lo hagan en compañía de un adulto para que se dé cuenta y vayan hablando de conductas que sean agradables, sean buenas y de aquellas que no lo sean, los guíen, porque ellos son muy buenos observadores.

La práctica oportuna, practicar la habilidad que se está aprendiendo en cualquier momento oportuno, durante el día, en el hogar, en el colegio, en la calle, con familia, en situaciones naturales. El adulto observa y espera ver, cuál es la conducta espontánea de este joven, de este niño, si ejecuta un buen comportamiento, lo refuerza, si no lo hace, le incita realizarlo, ayuda a mejorar sus actitudes.

Las prácticas encubiertas son cuando el sujeto ensaya en su mente la ejecución de ciertos comportamientos que afianzan sus habilidades, ésta se trabaja con los adultos, modelado por sí mismo, cuando están perdiendo su autovaloración, su autoconfianza se les provee situaciones y se le va transformando ese auto lenguaje, donde no sea un lenguaje pesimista, fatalista, se le ejecuta reforzamiento positivo, conocer que se acepte conocer sus gustos, que tenga aprobación por lo que es, saber que sus comportamientos los puede mejorar, que debe de ser tolerante frente a una situación o una circunstancia inesperada .

Los refuerzos pueden ser sociales, a través de comunicación verbal, gestual, física, o mixta, también existen los refuerzos de actividad con juegos, éstos ayudan a los niños como estímulo y reforzamiento en las normas presentes. En los adultos, es más fuerte y resistente transformar sus actitudes, que se puedan grabar y reconocer lo grande y valioso que tienen dentro de su ser.

Se debe recordar que todos necesitamos reforzar nuestras habilidades sociales, éstas engrandecen a cada uno de los seres. El auto reforzamiento, aprender que si nos equivocamos podemos corregir. Cada día observar y valorar, qué cosas hemos hecho bien y qué debemos mejorar, las cosas que no han estado correcta, son las que nos van a traer situaciones conflictivas.

Se debe estimular las actitudes y comportamientos, en cada lugar que se encuentren los niños. Es necesario recordar, a todas las personas, la importancia del establecimiento del contacto visual, el lenguaje corporal que se debe de usar en el desarrollo de cada habilidad social, éstas se dificultan en estos momento cuando no se ha hecho el uso adecuado de los medios tecnológicos, Ej. el teléfono, en el hogar y en horas donde se puede compartir, poca importancia se da a la relación familiar, por el tiempo que damos a los mensajes o a las redes sociales; igual situación sucede en oficinas públicas, muchas veces, no se levanta la mirada del computador para dirigirse a los demás, o del teléfono celular, se está perdiendo la esencia del ser, porque perdemos ese contacto visual con el que muchas veces abrazamos nuestro interior.

Es necesario trabajar la motivación y la automotivación, nuestra esencia es la afectividad, por eso se debe manejar, el abrazo terapia, sentir un abrazo propio, nosotros mismos abrazarnos, es estimulante o sentir el abrazo de esa persona que nos quiere, ayuda a reforzar nuestras habilidades sociales. A cada momento, el ser humano debe recordar que vino al mundo por una misión.

La palabra motivación que viene de "mover", "moverse a" es el impulso, el esfuerzo, por satisfacer un deseo o una meta, el impulso que inicia, que guía y que mantiene el comportamiento, hasta alcanzar esa meta u objetivo deseado. La motivación es como un gran paseo, donde la actitud que nosotros manifestamos ante la vida, y ante lo que nos pase, es lo que vamos a atraer. Tenemos que tener esa sensación de bienestar, nos referimos a estos impactos que recibimos a través de los sentidos, y que son una influencia decisiva sobre nosotros. Es por esta razón que las habilidades sociales también nos ayudan a pensar distinto. ¿Día de lluvia? a observarlo bien y a disfrutarlo. ¿Sol canicular? Agradecerlo, aunque haya paro de transporte, recordar qué podemos caminar. A manejar cada conducta que se presente. Una motivación logra, tanto en el adulto, como en el pequeño, un mejor desempeño, una mayor productividad, creatividad, responsabilidad, compromiso. El ser humano tiene que aprender a contagiar la motivación que lleva, dando gracias por lo que tiene en ese momento.

Pensando en que cada color atrae la vida. La vida, como la veo yo, tiene que ser una vida a colores, cada uno le pone el tinte que desee. El juego de la vida es caer y levantarse, pero sabemos que cada caída nos da una experiencia y que cada levantarse es un triunfo más. Hay un proverbio japonés que dice: "si te caes siete veces, levántate ocho". Esta motivación surge cuando hay expectativas, como resultado del atractivo que sea la recompensa, como impulso de la realización. Factores que estimulan, ayuda, optimismo, desempeño, y lo logramos de una manera sencilla. A los niños, debemos que enseñarle: "lo que bien comienza bien termina". Decirles frases "Te ves hermoso", si hace un desayuno, ¡que agradable desayuno!, ¡que delicioso te quedó!

No podemos dejarnos influenciar por el clima, no debemos permitir que el clima nos eche a perder el día, de lo contrario, disfrutemos de la lluvia, disfrutemos del olor que tiene la tierra cuando hay humedad, disfrutemos de los rayos del sol que abrazan nuestro cuerpo, del trueno, del frío.

Siempre debemos escuchar cosas positivas por la mañana. Palabras de motivación, nada que sea negativo, porque eso nos puede afectar el día. Las noticias deben ser escuchadas por la tarde cuando estamos de vuelta a la casa. Tratemos de sonreír y reír antes de llegar a la escuela, al trabajo, en el hogar debemos fomentar y buscar espacios de esa técnica científicamente probada. Cuando reímos, nuestro cerebro produce una sustancia llamada endorfinas que actúan sobre todo el organismo, como analgésicos y como energizantes.

Cuando escuchamos programas chistosos por la mañana, música de un ritmo que nos haga reír, es un milagro bioquímico que se produce en nuestro organismo y ello causa la sensación de bienestar durante varias horas, así que, intentemos comenzar el día sonriendo mucho, riéndose a más no poder, una buena carcajada mañanera nos energizará una buena parte del día. Proponerse ser positivo, en nuestro diálogo interior. Los seres humanos pasamos largas horas del día conversando con nosotros, tenemos algo así como cintas pregrabadas, esas cintas deben ser positivas, porque si son negativas, y si nos están recordando fracasos pasados, nos quitan energía. Tenemos entonces que ser positivos, hablémonos positivamente, observemos nuestra grandeza ser creados a imagen y semejanza de Dios, Ser Supremo del Universo, revestidos de dignidad, que nuestra percepción del mundo se transforme, cambie, busquemos interactuar e involucrarnos en el deporte, de una manera muy inteligente, en actividades que nos gusten: pintar, crear poesía, redactar cuentos, caminar, ayudar a otras personas, ser solidarios, involucrarnos en la cocina, en manualidades, en lo que nos de paz interior.

Siempre optemos por estar motivados haciendo las cosas que nos gusten abordar, tenemos tanta creatividad que descubrir y asociarnos con gente positiva, optimista, alegre, con gente que piensa en grande, con gente grata. Líderes que sean que nos lleven por caminos del progreso, del éxito, nada de hablar con gente negativa, gente tóxica porque pueden contagiarnos.

Nadie nos puede desmotivar si no lo permitimos, pero cuidado, los niños son fácil presa de que alguien que le diga "eres tonto", "no lo haces bien", dañan su vida y causan baja autoestima, a ellos, debemos de motivarlos: sus dibujos, sus rayones, sus crayones, todo está hermoso, brindarles seguridad.

Recordar que cuando fracasemos en algo, no lo tomemos como derrota, es simple y llanamente que esa actividad no salió, intento fallido que nos da experiencias, que debemos comenzar e intentarlo nuevamente hasta alcanzar la meta.

Amémonos como somos, amar cada parte de nuestro cuerpo, reconocer nuestras fortalezas, así como nuestras debilidades. Tenemos una madre María que nos inculcó la fuerza motivadora, ella nos legó esa valentía,

Yo Soy el líder de mi propia, vida. Yo Soy la persona que vivo, me creo y me recreo, porque el "Yo Soy" que es el mismo Dios, vive en mí, es amor, es voluntad, esfuerzo, es sabiduría, entonces necesitamos pensar que todo lo que anhelamos lo podemos conseguir, si nuestro deseo es ardiente. Todo proyecto lo podemos lograr, si le metemos valentía y perseverancia, podemos triunfar en la vida y que, para triunfar, necesitamos llegar primero, necesitamos esforzarnos al máximo porque podemos. No sólo somos corazón, somos cerebro y corazón. Y esa función es que nos hace invencibles. Ser optimista en la vida, nos lleva a lograr lo anhelado.

Todos tenemos talentos, tenemos que descubrirlos, estamos dotados de varias inteligencias y que está es aprehendida, no es necesaria la edad para lograr los triunfos, porque en todas las edades, hay aprendizaje, no esperemos que lleguen las situaciones o las circunstancias para prepararnos, debemos estar preparados aún si no han llegado las circunstancias. Recordemos, entonces,

Yo puedo. Yo soy capaz. Yo soy importante. Las mejores ideas están en nuestro interior, porque tenemos una máquina asombrosa, una mente con potencia emoción y aceleración, todo lo que proponemos es una forma original de poderlo lograr.

Piensa "¿Qué haríamos si éste es nuestro último día?", ¿Cambiaríamos algo?, ¿La forma de pensar, de hacer, de vivir? Nos proponemos en reforzar nuestros pensamientos positivos a tener comportamientos agradables a trabajar las habilidades sociales, a no tener estados de tensión, a mantener nuestro estímulo, que tenemos que darnos el regalo de escuchar, pero escuchar sin interrumpir, sin bostezar, sin criticar. El regalo del cariño, ser generoso con las otras personas, saber decir en el momento oportuno "Te amo", no cansarnos de dar demostraciones de cariño, el regalo de la sonrisa. La sonrisa acorta las distancias. El regalo de las notas escritas. Siempre mandamos un mensajito. "Gracias por estar allí". "Gracias por ayudarme". El regalo del cumplido. "Se te ve genial", "Eso se te ve estupendo".

El regalo del favor, todos los días podemos hacer un favor a una persona, es necesario regalarnos soledad, porque tenemos que, en algún momento, darnos un espacio para nosotros, para escucharnos, para alimentarnos, y poder volver a comenzar y el regalo más grande, que es la gratitud. Gracias por todo. Gracias a la vida. Gracias a Dios del Universo. A ese ser que nos ha dado la vida, el movimiento, y manifestar que tenemos amigos reales, y que siempre esperan de nosotros un saludo, un apoyo, debemos estar atento a las señales del medio, muchas personas tienen tanto que decirnos, pero no saben cómo hacerlo.

Ya sabemos entonces que, con una buena actitud, nosotros siempre vamos a lograr ser innovadores. A aprovechar las oportunidades, a escoger la herramienta adecuada para cada situación, a saber, que no siempre las cosas salen como planeamos, porque vienen cosas mejores. Y tenemos, así mismo, que desarrollar nuestra autoestima. Somos únicos y eso nos potencia, para saber que no podemos permanecer comparándonos con los demás. Nunca debemos desistir de lo que nos hemos propuesto, y mantener en alto que somos seres sociales y desarrollamos una vida social, nos necesitamos los unos a los otros.

Capítulo II

Los valores humanos, pilares de una vida feliz

Hacia la práctica de los valores

El ser humano, desde su momento de la llegada al mundo, viene dotado de una serie de facultades únicas que nadie se las puede quitar, que se desarrollan permanentemente y que fundamentan su dignidad humana. Dios nos entregó proyección, inteligencia, imaginación, autodominio, voluntad, convivencia, fantasía, amor, movimiento que nos convierten en una criatura maravillosa en un ser fantástico, dueño del éxito por esa razón todo lo que deseemos lo logramos. Estas facultades se presentan de acuerdo a la práctica de los valores que, día a día, se van desarrollando, pero, ¿Qué son los valores humanos?

Los valores humanos son todas aquellas actitudes que asumimos nosotros para vivir de una manera diferente, esos valores que lo vamos potenciando desde el momento de nuestro nacimiento, desde que succionamos el pecho de nuestra madre y la acariciamos, ya comenzamos nosotros a conocer el valor de la gratitud.

Esas actitudes positivas y posiciones permanentes para obrar en consecuencia con las grandes convicciones de lo que es bueno mejor y óptimo, son las que nos permiten descubrir los valores que poseemos como persona, porque son demostraciones tangibles los valores, ellos engrandecen a quienes los pregonan y perfeccionan a quienes los poseen, por eso, estas actitudes deben de estar en el hogar, en la escuela, en la sociedad, en todos los ámbitos.

Todos anhelamos, una sociedad solidaria, comprensiva, tolerante, justa, participativa y sólo sobreviviremos, si aprendemos a elaborar un nuevo paradigma, en el cual cooperar sea más importante que competir, desde donde la igualdad de oportunidades sea una realidad y no un mero enunciado, donde tratemos de crear puentes de unión entre los pensamientos y acciones diferentes, sin encasillarnos en nuestro relativo punto de vista, la gran crisis de hoy es al mismo tiempo, una gran oportunidad para el reencuentro con la pureza de la vida, con la espiritualidad, con la autenticidad y sinceridad de aquellas almas que no se han confundido todavía por el egoísmo, la competitividad de la época, sino que siempre están a la espera del encuentro del hombre con su ser interior. Cuando los seres humanos aprendemos a vivir en la esencia de los valores humanos, amamos sin egoísmo, comprendemos, toleramos, compartimos, porque este ser humano ama a la vida en todas las manifestaciones.

Se nutre de la verdad y en la rectitud, vive en la paz, le pone multa a la violencia, viviendo en la comprensión de lo que conduce con esa alma de paz a una armonía total, practica la no violencia en actitudes, gestos, palabras y aún más en pensamientos.

Debemos conocer y comprender que esta práctica de los valores nos hace seres inmensos y maravillosos, Dios con su inmensa sabiduría dotó al ser humano de ese sentimiento puro, que es el amor, que es el sentimiento que permite la vida en los seres, porque quien no ama, no vive.

Tenemos que recordar que somos personas que tenemos dignidad, que estamos dotados de esa dignidad que nos hace dueños de nosotros mismos y portador de unos derechos que son nuestros y se manifiestan con la condición de personas que van íntimamente unidas. **¿Qué exige la dignidad humana?** el respeto profundo, sin discriminación y exclusión de nadie, valoración de cada ser humano, por ser ese potencial de energía físicas, psíquicas y espirituales, la promoción y progreso integral, le dan la energía creadora. La dignidad con todo su equipaje que contiene da al ser humano su prioridad sobre el Universo material, podemos decidir nuestro propio destino y también podemos reclamar cuando se vulnera nuestra dignidad.

La defendemos con actitudes de respeto, tolerancia, justicia y siempre debemos mantener presente, que no hagamos a los otros, lo que no queremos que nos hagan, porque respetar al otro implica tolerar su característica, proteger su imagen, no vulnerar su intimidad, no discriminación, por color, sexo, su grupo étnico, tenemos que ser paciente y justo, frente a sus pensamientos, sentimientos y desacuerdos, mantener una elevada autoestima.

Cada persona es única e irrepetible en el mundo, debemos tener presente, que Dios no respeta tanto que no nos hace en serie, sino en serio. En nosotros existe amor, por eso es importante conocernos, aceptándonos como somos, valorándonos y haciendo todo por progresar integralmente, tenemos capacidad grande, extraordinaria y poder de decisión, decidimos por una vida feliz, llena de éxitos si nos planteamos metas.

Siempre después de la tormenta viene la calma. Eres criatura, hecha a imagen y semejanza de Dios, con el don de la vida y amor, con sentimientos y pensamientos que no te lo pueden quitar, todo lo grande, lo bello, lo representas, por esa dignidad otorgada por tu Creador, valórate cada día y amanece con una sonrisa de satisfacción, para que compartas con los demás. En tu corazón fluyen sentimientos que deben permanecer por siempre, todo lo puedes realizar si lo deseas con vehemencia. El deseo cuando es constante, inquebrantable, sin dudas, ni vacilaciones, y está acompañado de una actitud emprendedora, siempre se verá coronado en el éxito. Nunca habrá fracasos, sólo intentos fallidos.

Siempre debemos apostar, apostarlo todo para lograr triunfar. Hemos venido diseñados como la obra más bella de la creación, dotados de sabiduría, por eso debemos soñar por nosotros mismos, no dejarnos manipular, no permitir que piensen por mí, no esperar que alguien haga lo que me corresponde hacer, debo tener mi propia voz, expresar mis pensamientos, con sinceridad y honestidad, tener mi estilo de caminar, mis propias actuaciones y actitudes, algo hermoso tener confianza y creer en uno mismo.

Para poder desarrollarnos y conducirnos hacia un auténtico compromiso con la vida, es necesario creer en uno mismo, en la medida en que estemos más consciente de nuestro valor, iremos cobrando mayor auto respeto, el amarse a sí mismo, implica conocernos, descubrir la verdadera maravilla que poseemos, lograr un genuino interés, calidez y respeto por nosotros, así contribuiremos para que otros emprendan esta importante búsqueda.

Iniciemos nuestro crecimiento personal, cada uno escribamos cuáles son sus virtudes, cuáles son sus defectos y el desafío consiste por fechas, transformar los defectos en virtudes y ver qué logros hemos obtenido.

El Amor esencia del Ser.

Así como el don maravilloso de la vida. Dios nos legó el amor, facultad que trasciende tiempo y espacio, el amor permite compartirlo todo y dar sin esperar nada a cambio. El amor permite comprender las debilidades y virtudes de los demás, todo lo cree, perdona, hasta las equivocaciones, el amor es la posibilidad más segura que tenemos para ser felices y en nosotros debe reinar el amor, como el sentimiento auténtico, herencia de nuestro Jesús, tanto nos amó que dio la vida por nosotros. No debemos ser egoístas, tenemos que hacer felices a los demás, vivir siempre llenos de dulzura y paz, eso se convierte en luz, para irradiar ese amor que tenemos, irradiarlo a los otros. Somos una preocupación activa. por ese crecimiento y esa fortaleza como es el amor.

El Compañerismo

Se inicia con la amistad sincera que une a los seres para hacer agradable su existencia, el compañero es aquel que detiene su camino para esperar al otro y poder juntos llegar a la meta. No espera recompensa, sólo la satisfacción de vivir en armonía, ese compañero verdadero comparte su sabiduría, alegrías, y triunfos, siente propia las alegrías y penas de los demás.

Compañero, es aquel que comparte ese mundo de experiencias con nosotros, yo le digo seres extraordinarios, Ángeles, cuya presencia nos colman de paz y esperanza. El compañero el que nos brinda su amistad y es el mayor tesoro con el que contamos.

La Solidaridad.

Valor que da sentido a la vida, la persona solidaria, sabe que no hay mayor satisfacción que dar, mira en cada ser humano a su hermano, en ese hermano ve la posibilidad de crecer en el servicio, la solidaridad es una experiencia comunitaria, enjuga lágrimas, entrega sonrisas al desvalido, ofrece ayuda al necesitado, lo carga de amor. Y siempre recordemos la frase del Evangelio: "Que no sepa tu mano izquierda, lo que hace tu mano derecha". La persona solidaria brinda ayuda, no le gusta figurar frente a los demás, sino que lo hace porque lo siente, porque siente, que eso la colma y la hace feliz, hay gestos que son solidarios, hay visitas que son solidarias a los enfermos, a los presos, esa sonrisa es solidaria, porque ayuda y fortalece el espíritu de otra persona.

La Responsabilidad.

Valor que viene de responder a, esta persona responsable interactúa, responde frente a su obligación, es digno de todo crédito, porque se puede creer en ella y confiar en la palabra, en todos sus actos son coherentes con sus compromisos. Siempre hace todo bien y no necesita vigilancia de nadie. En cada una de nuestras vivencias como alumnos, profesionales, hijos, amigos, debe existir responsabilidad en las tareas que tenemos que hacer.

La única forma de demostrar lo que es capaz de hacer un ser humano es haciéndolo, en la calidad de lo que hacemos, se manifiesta nuestra capacidad, siempre a las cosas que hagamos hay que ponerle nuestro sello personal.

El Respeto.

Valor, que acoge siempre a la verdad. Valorar a los demás acatar su autoridad y considerar su dignidad. Dignidad y respeto son la esencia de las relaciones humanas, de la vida en comunidad, del trabajo en equipo, de la vida familiares, quien respeta no ofende, porque conoce la autonomía de cada ser humano, sobre todo acepta lo maravilloso que hizo Dios, en hacernos a cada uno diferentes.

Quién se respeta, respeta, reconoce todas sus facultades que posee, cuida de su salud, de su alimentación, de su recreación, sabe que su cuerpo es un Templo Sagrado, viste con dignidad. Escoge a las personas con las que camina.

Washington dijo alguna vez "Si en algo valoras tu reputación, procura que tus compañeros sean personas distinguidas, pues vale más estar solo que mal acompañado."

La Veracidad.

La verdad, es la fuente de sabiduría, por eso una persona veraz, es digna de toda credibilidad, su palabra tiene la validez del Evangelio, la transparencia del cristal más puro, una persona veraz, no tolera la mentira. No hay mentiras blancas, ni mentiras piadosas, no tolera verdades a medias. Lo bello de cualquier relación entre los seres humanos se fortalece en la verdad.

La persona que miente está en condiciones de cualquier otra trasgresión, recordemos que la persona que vive en la verdad, vive en el campo magnético de ese Dios que es verdad.

La Honestidad.

Es el valor cuya demostración es tangible de la grandeza del alma y de la rectitud de los sentimientos. La persona honesta, busca la honradez, lo justo, no se aprovecha de la confianza, la inocencia, la ignorancia de otros. Se valora y valora a los demás, no camina en pos de ocasiones fáciles, ni se rinde, cuando en algún lugar encuentra la oportunidad de tomar las cosas que no le pertenecen, siempre sale adelante, con la frente en alto y con la dignidad que le ofrece el trabajo honrado.

La Gratitud.

Es el valor más grande, más bello y sublime porque es un sentimiento del corazón y no de las manos. Valor expresado con la palabra gracias, gracias al mundo, gracias al Universo, gracias al Creador, gracias a los amigos, gracias a los padres, gracias a la familia, gracias a cada órgano, célula, tejido, de nuestro cuerpo.

La persona grata valora todo lo que los demás hacen por ella, no hay en el mundo gente más pobre que aquel que no tenga en su corazón sentimientos de gratitud. Vivimos en comunidad y todos necesitamos de todos, no hay dinero ninguno, que compense el tiempo que los demás nos ofrecen, padres, maestros, amigos y seres que nos rodean. Una sonrisa, una flor, una frase, pueden ser sentimientos cargados de gratitud. El mirar con amor una rosa, con alegría el rostro de un niño, elevar una oración de corazón, expresa gratitud hacia nuestro Creador.

Cada día caminemos en la búsqueda de nuestro crecimiento personal, comencemos a reconocer los beneficios que nos ofrecen los demás. Así surgirá en nosotros la semilla de la gratitud. Dar gracias a Dios por hacernos la criatura más hermosa y amorosa, por lo que recibimos a diario y las oportunidades que nos ofrece. Aquellos que son sembradores y jardineros de nuestra vida, merecen nuestro reconocimiento. Es el agradecimiento el que nos ayuda a crecer cada día como verdaderos seres humanos.

La Tolerancia.

Valor que nos permite reconocer que Dios nos hizo únicos e irrepetibles a cada uno de nosotros, que tenemos nuestros propios sentimientos, pensamientos y deseos, eso nos lleva a practicar la tolerancia, que no es sino respetar la opinión y decisión de las otras personas, aceptar la posibilidad de los errores personales de los otros, de las equivocaciones propias y de los demás. Aceptar que en cada ser humano vive Cristo presente, debemos mirarlo en su dignidad. No debemos olvidar que nadie puede pensar igual, aunque no nos agrade su forma de actuar, merece respeto y aceptación, no importa sus creencias, colores, gustos.

Tolerar al otro es permitir que viva su propia esencia de vida y no la que yo le imponga.

La Puntualidad.

Valor que nos hace ser exactos, a hacer las cosas a su tiempo, llegar a los sitios a la hora convenida, la superioridad natural de los seres humanos sobre los demás seres de este mundo, se fundamenta en nuestra capacidad intelectual y valorativa, conocemos la esencia de nosotros, por eso podemos libremente adoptar resoluciones, ir, venir, crear o destruir, en este ir y venir tenemos que actuar con respeto hacia los demás y aquí entra el valor de la puntualidad, quien practica la puntualidad, es considerado por todos ya que valora la dimensión humana, sabe que los demás también tienen sus propias ocupaciones, por eso llega a la hora convenida y jamás incurre con sus obligaciones, se distingue porque nunca deja para otro día lo que puede hacer, cumple con lo planificado, está a tiempo cuando se lo necesita.

Unido a la puntualidad, viene la **Auditoría del tiempo**. Es necesario que administres el tiempo con propiedad, ser verdaderos sabios al utilizarlo, darles prioridad a las cosas que realmente lo merecen, establecer una escala en la importancia de nuestras actividades, es ir detrás de ellas hasta alcanzarlas, porque ¿Quién tiene garantía de lo que podrá hacer mañana? ¿Quién sabe lo que va a ocurrir mañana? Nadie, tiene ese mágico poder, por eso no debemos dejar para el otro día, nada. Desde que nacemos, nuestro tiempo comienza a correr, nunca se detiene, sólo nos percatamos de ello cuando es tarde y hemos dejado pasar cosas maravillosas, debemos administrarlo haciendo la auditoría de nuestras prioridades, metas y objetivos.

La Equidad.

Una persona equitativa da a cada uno lo que le corresponde con justicia, respeta el derecho a los demás, se inspira en la tolerancia, que permite aceptar a los demás, con sus virtudes y debilidades, no exige la perfección absoluta, la persona equitativa practica generosidad, tratando siempre de actuar con justicia, en ella no existe engaño, ni el favoritismo. La equidad es la actitud que requiere en el ser, una verdadera madurez para ponerla en práctica.

La Lealtad.

Es el cumplimiento de leyes y fidelidad. Quien practica este valor es capaz de mantenerse firme en su respeto a una causa, un ideal, a una institución, a otra persona que viva una circunstancia. La persona leal hace suya la expresión "cuenta conmigo", practica con autenticidad esta frase, su amistad y apoyo son incondicionales, siempre se puede tener la garantía de la mano, de la persona que es leal.

La Servicialidad.

Valor que manifiesta el deseo sincero de hacer algo para los demás. El servicio nace de compartir, de la convicción de que sólo quien siembra cosecha. No debemos tener en nuestra mente la falsa superioridad basada en la posición de súbditos que nos deben obedecer, es superior quien más sirve, el servicio generoso no sólo constituye un beneficio para el otro y la disponibilidad de mejorar el mundo, sin el acceso de la propia realización personal. La Servicialidad dignifica al ser humano, se presentan en nuestra vida corriente, mil oportunidades de servir, de ayudar al prójimo desde la simple compañía y consuelo frente a la presencia del triste, del enfermo y del desvalido, todos necesitamos servir.

Optimismo.

Hermoso valor, todos los días de la vida decidamos ser felices, vivir con oportunidad, con esa alegría y entusiasmo, ese optimismo decide la calidad de vida, ver en cada cosa la oportunidad, esa energía creadora que nos permite vivir en alegría permanente, disfrutar de lo bello que la vida nos ofrece, estar siempre en la mejor disposición de ánimo, para realizar toda labor que emprendamos, el ser humano optimista cree en él, camina siempre en búsqueda de la excelencia y sabe que nació para ser feliz, la felicidad es una decisión consciente que implica una férrea voluntad. Tenga presente lo que nos daña no son los acontecimientos, sino nuestra respuesta ante ellos. Debemos nutrirnos con pensamientos positivos, llenos de optimismo, no olvidemos jamás que las enfermedades son causa de aquellos pensamientos dañinos que van intoxicando cada una de nuestras células.

La Conciencia.

Los seres humanos venimos con conciencia, la conciencia es el regalo dado por Dios a los hombres, aquella manifestación que nos indica cuando obramos bien o cuando estamos mal, se la considera la voz del alma, esa voz interior que es nuestra confidente, está presta a guiarnos con su juicio. La conciencia con la inocencia del Infante y con la sapiencia del letrado siempre está lista a susurrar al alma sus consejos, que también tienen fuerza de ley, una vez que uno decide, ella tiene la facultad de ofrecer las más dulces congratulaciones o lo más amargos reproches. En nuestras manos está la decisión de construir nuestro paraíso de paz, manteniendo despierta y recta nuestra conciencia, no olvidemos lo hermoso que es la trascendencia en nuestro mundo, el saber que todo lo bello, lo bueno, lo extraordinario está creado para nosotros.

Capítulo III

La felicidad viene ligada a la existencia.

En la Inmensidad de la vida, donde me encuentro, todo es perfecto y armónico, sólo tengo el aquí y el ahora, por eso decido revisar mis actitudes anteriores y decido hacer cambios en mi vida, en medio de la naturaleza, descubro que soy el ser más hermoso de la creación, me libero de todo pensamiento negativo porque intoxican las células de mi cuerpo, siento el viento que me acaricia y los rayos del sol que me proyectan ese calor vital que necesito, contemplo la fuente de donde el agua cristalina se me brinda en abundancia. Hoy sé que vivo, que Dios me dotó de facultades exquisitas que me dieron la dignidad del humano, hoy decido ser feliz porque mi mundo lo contiene todo.

El estado de ánimo de la persona que se siente plenamente satisfecha, que disfruta de lo bueno, se lo conoce como felicidad. La felicidad es una decisión consciente que implica una férrea voluntad que vence adversidades, ese sentir de paz interior, el saber que viene ligada a nuestra existencia, que cada momento de nuestra vida la podemos disfrutar, la podemos sentir, somos felices al contemplar un río, la inmensidad del océano, nos da felicidad, la caricia de la manito de un hijo, la sonrisa de un niño, la mirada tierna de una madre, de un padre, el gesto generoso de un amigo, la compañía del amor, la frase tierna del amor. Nos da felicidad, el sentir que nuestro corazón está vivo, que late, que podemos, respirar, sentir, emocionarnos, pero para eso tenemos que despertar.

La felicidad no anda en otro camino, sino está dentro de nosotros, despertemos, liberémonos, animémonos a realizar lo que deseamos lograr. Ahí está la felicidad. No perdamos un instante porque ya habrá tiempo en la eternidad para siempre descansar en paz. Debemos despertar, porque a la creación la tenemos que aprender a contemplar, el amanecer, una flor, el canto de un ave. Debemos aprender a estar vivos, allí está la felicidad, en vivir apasionadamente.

Esa oportunidad que tienes hoy, de poder hacer y recrearte, de sentir cómo bulle la sangre en tu cuerpo, de sentir como miran tus ojos, cómo tus labios pronuncian tus palabras, ahí está la felicidad.

Todo lo que tú has anhelado, míralo con ojos abiertos, no dejes de soñar, porque tus sueños se convierten en realidad. Contempla ese milagro que te rodea en tus hijos, en tus padres, en tus amigos. Tú eres ese milagro real y ese es un motivo para ser feliz y continuar. Nunca te conviertas en un simple espectador, en un sonámbulo que anda por la vida en búsqueda de la felicidad, conviértete en el autor principal de esa obra más importante, porque eres el protagonista principal de tu vida. Recuerda que tu esencia misma es tu aroma, porque puedes alcanzar una estrella, despiértate, tu vida es ese lienzo en blanco, sólo tú, pones el color de las pinceladas que deseas, sólo tú, puedes sentir ese sabor dulce y delicioso que presentan esos momentos felices, transforma la realidad en felicidad.

Nunca supongas, pregunta, porque suponer te va a hacer inventar historias que te van a nublar esa parte emocional de tu vida, ese sentirte vivo, ese disfrute de tu vida.

Pregunta, y sacarás todas tus dudas, tus palabras que pronuncien tendrán que sonar en tu oído como una música deliciosa, hasta para pronunciar una palabra siente felicidad. Haz memoria de todos los momentos felices, al traer un hijo al mundo, al recibir un ramo de flores, al abrir tus ojos cada mañana, ahí está tu felicidad.

Al escuchar esa palabra sabia de tus padres, de tus amigos, cuando has logrado alguna meta, cuando has hecho realidad tus sueños, ahí está tu felicidad. Cuando en tu corazón sienten y bullen esos sentimientos de amor, está tu felicidad. Mira al cielo y mírate a un espejo, agradece por ser esa obra maravillosa, agradece como Dios te hizo único, única, sin imitaciones porque no existen dos personas como tú. Eres único, por eso eres hermosa, hermoso, por eso tienes tus ojos, todo tu cuerpo, todo tu ser, toda tu forma de actuar, eso es felicidad, no la pierdas, no te tomes nada personal, la peor ofensa, el desaire, ni la más grave herida, recuerda siempre que si alguien te quiere herir se está dañando a sí mismo.

Tener necesidades vitales en la vida, dormir, alimentarte, comer o al descansar cómodamente, poder satisfacerlas, eso es felicidad.

Tu autorrealización personal está en ti mismo, está en lograr esa meta que siempre anhelaste. Saca tu paz interior, vive inmensamente, trasciende, actúa, que nadie te robe tu paz, haz siempre lo mejor que hagas en cada una de tus actividades, lo mejor que puedas, nunca te recrimines, nunca tomes de nadie lo que a ti te vaya a afectar, date cuenta de esa energía que hay en tu corazón, de tu energía creadora capaz de renovar la vida. Date cuenta que puedes ser feliz y dichoso en la medida que quieras serlo, vasta estar, sonreír, compartir y vivir.

Habilidades para la Vida

Esa energía que tienes dentro es como el sol que jamás se cansa de calentar, puedes volver a reinventar y comenzar un mañana.

Cuerpo, mente y espíritu, aquí se desarrollan las buenas ideas y los buenos pensamientos y allí tienes esa paz espiritual que te brinda felicidad. Descubre la felicidad en todas las cosas que tienes a tu alrededor, disfrútalas, vivéncialas, anímicamente sientes tú que eres esa huella que cada día trasciende con ánimo, con sabiduría, que aleja la tristeza, que cualquier nube que quiere eclipsar tu sol, tú la puedes apartar, para eso necesitas despertar, no te niegues el valor de una sonrisa, no te niegues el valor de darla, ni el valor de observarla, porque eso te brinda felicidad. El valor de servir, el valor de dar, te brinda felicidad, la buena compañía, el saber que esa otra persona es diferente a ti y que se unen dos pensamientos distintos, el poderlo comprender, eso te da felicidad.

Date tiempo para soñar. Date tiempo para ver a tu alrededor. Date tiempo para amar y ser amado, siembra pensamientos positivos, eso te da felicidad. Obsérvate cada momento de tu vida, créate y recréate y te revelo un secreto, el amor y la felicidad van contigo desde el momento que Dios te envió al Universo y al posar tus pies sobre la tierra, ese es un regalo que Dios te ha hecho, no lo pierdas, descubre tus posibilidades, date un nuevo reto, sueña, un sueño, contempla la puesta del sol, valora lo que tienes, valora lo que eres, ama tu vida, ahí está tu felicidad, ama tu vida y ama la vida de los demás, escucha de corazón lo que alguien no puede expresar, por eso es necesario mirar siempre a los ojos de los demás. Ahí está la felicidad.

Capítulo IV

Técnicas para la armonización de la vida

La **Armonización** nos brinda a todos un gran gozo y bienestar, desde muy pequeños los niños captan intuitivamente lo que les permite sentirse mejor, y por eso ellos suelen reclamar su atención. Con la armonización podemos realizar y acceder al espacio interno, reencontrarnos con el ser interior, con la grandeza del alma, lograr mayor bienestar, orientarnos hacia una calidad de vida superior, nutrir y nutrirnos, imaginar con fluidez.

Es lograr crecimiento y transformación, lograr estar bien armónicamente con nosotros y con todos y con todo. Nos llenamos, nuestra fuerza interior es retomar esa energía que nos potencia. Poder sanar heridas sin abandonar nuestra propia esencia, una buena armonización nos favorece nuestro encuentro con la paz y el amor.

¿En qué momentos podemos armonizarnos?

Al inicio de nuestra jornada de trabajo, en medio de la jornada de trabajo, armonizarnos con una pausa activa, una vez que hemos terminado la jornada laboral.

Nos armonizamos y aprendemos a ser más generosos, a respetar el orden, a encontrarnos y a encontrar una calidez de vida. Nosotros tenemos que lograr siempre un clima armónico en cada uno de los lugares donde nos encontremos. La armonización personal nos da Salud mental, a ubicarnos en tiempo y espacio, generalmente, en una armonización nos familiarizamos con una serie de ejercicios que nos van a llevar a este viaje, que lo vamos a hacer utilizando cada uno de nuestros sentidos.

Entre las técnicas tenemos:

Sólo por hoy. Nos sentamos cómodamente, respiramos, tomamos la respiración o lo que llamamos el soplo de vida, por repetidas veces con los ojos cerrados, inhalamos y expulsamos el aire y luego de unas 12 bocanadas de aire o soplos de vida, con los ojos cerrados, con nuestro cuerpo erguido, sentados cómodamente, trataremos de imaginar y repetimos constantemente el sólo por hoy, sólo por hoy, trataré de vivir exclusivamente el día, sin querer resolver el problema y resolverlo todo a la vez. Sólo por hoy seré cortés, no criticaré y me amaré, seré disciplinado. Sólo por hoy, seré feliz. Sólo por hoy evitaré enojarme, sonreiré, me dedicaré a mi más tiempo, a una buena lectura, haré una buena acción. Sólo por hoy no le diré nada ofensivo a nadie. Sólo por hoy haré un programa detallado de mis actividades, escucharé música, la música de mi agrado, me alimentaré con lo que me agrada, sólo por hoy, no dejaré que nada ni nadie pueda oscurecer mi luz. Así se va repitiendo todo lo bueno que se quiere adquirir, sólo por hoy.

Se hace esa concentración total de mente, cuerpo y espíritu, se funden en uno solo hasta lograr la armonía en su cuerpo.

Cultivo el amor. Llena un depósito con agua, observa cómo se llena ese depósito y aprenda a cultivar el amor, observa que, al depositar esa agua, está fresca, está clara, transparente, allí une tus pensamientos en la dulce cosecha de la alegría y la paz, ve cómo fluye, con esa paz y esa tranquilidad, siente imaginando, que cultivas el amor, al igual que el agua es pura, así recibes y entregas amor puro, el agua se da en abundancia, el amor es desinteresado, universal. Con qué delicadeza tratan de que el agua no se derrame, palpen con delicadeza, hagan con sus dedos burbujas, ahí está el agua, sin perder su esencia, porque refresca, pronuncien repetidamente, que quieren, así como esa agua, la pureza en el amor, con una conciencia tranquila, que, aunque haya turbulencias, siempre va a estar allí este remanso de agua para saciar y refrescar, así es el amor. Pueden hacerlo frente a una fuente, pueden ver correr el agua en el mar y siempre imagínense. cómo fluye el amor interiormente dentro de ustedes.

Mis regalos. Dibújese mensajes agradables, colme su habitación con palabras bonitas. Esta es otra técnica, palabras llenas de luz y amor, hay tantos mensajes, tantas expresiones maravillosas, compren tarjetitas pequeñas, regálense ustedes mismos, pueden colocarlas frente a su espejo, en el baño, también pueden guardarlas en lugares secretos y de pronto las encuentran, su cerebro les manda este mensaje ¿Qué encontré aquí? ¿Qué palabra de luz y amor me llega?, se van a sentir fortalecidos.

Busque los Salmos en la Biblia o pensamientos en Sabiduría y nútranse con alguna frase, con algún pensamiento, que esas palabras le alimentan el espíritu. No sólo esperen de los demás que les hagan la oferta de palabras llenas de luz y amor. Todos somos aprendices, todos somos maestros, el mundo nuevo nacerá de nuestro nuevo espíritu, lo haremos juntos. Ahí está esa actitud de cultivar el corazón.

La Paz. La paz se encuentra dentro de nuestro corazón, dense momentos de paz, vayan a un lugar tranquilo, retírense del mundanal ruido y comiencen a sentir la paz interior que fluye dentro de ustedes, no escuchen más que los latidos de su corazón, hagan un silencio único, van a necesitar encontrarse, entre tanto y tanto ruido no escuchamos el "yo te amo" del ser querido, aprendan a vivir con espacios de paz. Pueden ustedes estar al lado de un mar, de una corriente de agua, de una fuente, de un río o debajo de un árbol. Aquieten su corazón y sólo escuchen si es la corriente del río cómo va por su cauce, si es el ruido del mar, el ir y venir de las olas, si es el viento que rasga las hojas del árbol, aprendan escuchar, necesitan guardar paz y esa paz se da cuando estamos en silencio y somos capaces de escuchar la naturaleza, regalemos ese espacio de paz a nuestro interior, de esta manera lograremos también armonizarnos. Repetir a cada momento: "Gozo de este silencio del espacio, gozo de todo lo que existe en la naturaleza". Vivéncienlo, regálense esos minutos para ustedes.

Buen Recuerdo. Siéntense en una posición cómoda. Viaje a través de su mente, que nadie le interrumpa, apague el teléfono, inunde su cuerpo y su mente de un recuerdo hermoso, de un episodio agradable, vuélvanlo a sentir, qué pasó, vivencien cada momento de ese recuerdo hermoso de eso, o de ese, o esos recuerdos bonitos, nútranse con eso, llamen a su mente, cuerpo, espíritu, recuerdos maravillosos que pueden ser de la infancia, que pueden ser de algo que tal vez pasó hace poco tiempo o más tarde, eso te va a llenar de felicidad, con amor, con paz. Quédate así por unos 15 minutos, luego vuelve a guardar ese amor y esa paz en tu corazón. Eso lo puedes hacer las veces que quieras, respira profundamente y abre tus ojos.

Date y regálate libertad. Es otra técnica, frente al mar, a un río o debajo del árbol, párate de frente, separa tus piernas, tus pies, toma la posición de triunfador o triunfadora, colócate los brazos en tu cintura. Luego relájate y comienza a respirar, toma el aire que está puro, fresco, que está allí, frente al mar, al río, a la cascada, a la fuente o debajo de un árbol, respira, respira, absorbe bota de tus pulmones, si ves pasar un ave maravillosa que revolotea por tu cabeza, ve cómo viaja libremente, abre tus brazos, extiéndelos, suavemente aletea, cual si fueras un ave, déjate guiar , pide y exclama la palabra Libertad, libertad en tus acciones, libertad financiera, libertad en tus pensamientos, libertad en tus sentimientos, porque naciste libre, libre para actuar, pensar y sentir en todo lo que tú te propones, repítelo unas 10 veces. Luego que tú has remontado el vuelo con tus brazos de libertad, cierra tus ojos, respira, siente como esa energía está liberándose, sientes esa libertad, respira, respira Y conéctate nuevamente con tu realidad del aquí y ahora.

Soy destellos de luz. Siéntate cómodamente, cada vez que realices un ejercicio, debes hacerlo en un lugar donde estés solo, donde nadie interrumpa tus pensamientos, aleja de tu mente todo pensamiento perturbador, siéntate, toma la energía creadora, la bocanada de aire o lo que nosotros llamamos "el aliento de vida", que es cada respiración que hacemos. Respira, bota, repetidas ocasiones, nútrete de ese aire que llevas a tus pulmones, luego imagínate cómo los rayos del sol dorado, penetran hasta tu interior, siente esa energía creadora, siente cómo te llenas de sabiduría, ahí está el Arcángel Jhophiel, regalándote sus rayos dorados de la sabiduría, entra, una luz dorada, amarillo sol, que irradia todo tu cuerpo, que irradia tu vida y ahí estás, declarándote que eres sabiduría, que estás abierto al conocimiento, irrádiate, mantén paz, llénate de esa energía creadora que existe dentro de ti. Respira, respira, todo ejercicio que realizas, puedes hacerlo con intervalos de 5 minutos. Otra vez dejas un espacio y lo puedes repetir las veces que necesites, sobre todo cuando tengas que realizar un trabajo que requiere de mucha concentración. Toma toda la sabiduría que está en el Universo, atráela a tu vida porque eso eres, eres sabiduría.

La Técnica del Espejo. Realice los ejercicios de respiración, por 6 veces tomar aire y expulsarlo, tenga a mano una hoja en blanco y un esfero. Póngase de pie frente a un espejo, obsérvese fijamente por el espacio de 10 minutos, una vez que pasaron los 10 minutos observándose, escriban todo lo que ven, cómo se ven. Traten de escribir cómo se ven, si no desean escribir, con palabras, háganlo con rayitas o con puntitos, imaginándose que están plasmando lo que ustedes ven en el espejo, descarguen todo lo que ven, luego de que termine el ejercicio de unos 5 minutos rayando y escribiendo lo que ustedes ven, quemen esa hoja y se sentirán de una manera más tranquila, terminen el ejercicio, respirando 6 veces,

Deje aquí su carga pesada y recoja alegría. Técnica que la pueden hacer en el hogar, con la familia, en su trabajo, un día anterior, escriba frases hermosas, mensajitos de motivación, al realizar la técnica, ubiquen un lugar donde ustedes puedan colocar dos bolsitas, en una de ellas escriben "deje aquí su carga pesada" y en la otra bolsita "recoja alegría".

Usted reúne a los miembros de su casa, o de su trabajo y le dice "en una hojita de papel escriban todo lo que les ha molestado durante este día o durante el mes o durante la semana", así mismo, la persona puede simular escribir, rayando, haciendo garabatos o realmente escribiendo, pero cada vez que simulen deben descargar lo que para ellos ha sido la carga pesada y van depositándola en esa bolsita que dice "deje aquí su carga pesada" a su vez se les invita a tomar un mensaje de la bolsita que dice "recoja alegría", va y toma un mensaje de los que con anterioridad ya se ha hecho. Luego se vuelven a reunir y cada uno lee el mensaje que le ha salido. Esa es una técnica que ayuda mucho en la armonización personal.

Esencia de vida. Es una técnica maravillosa que nos ayuda a conectarnos con nuestro yo interior. Frente a una fuente, al mar, al río, a una cascada, dónde fluya el agua, donde corra agua y si uno no tiene cerca al mar, al río, a la fuente, pues en la llave de agua, en la ducha deje correr agua y observe esa caída, tome el santo aliento o soplo de vida, tapándose las fosas nasales. Primero por una fosa nasal tome el aire y lo expulsa por la otra fosa, esto lo hace de manera simultánea, se tapa la fosa derecha, toma aire por la fosa izquierda, expulse el aire por la fosa derecha, tome el aire por esa fosa y lo expulsa por la izquierda, luego tome aire por la fosa izquierda nasal y lo expulsa por la derecha, ese ejercicio lo repite unas 30 veces.

Y sigue contemplando el lugar que escogió para ver correr el agua, libere, saquen allí todos los pensamientos que le han atormentado, terminen de sacar todo, que ustedes se sientan liberadas, boten todo y luego llénense de esa energía creadora observen la grandiosidad del cielo y repitan consigo "tan grande es el firmamento, tan grande es el Universo, pero mucho más es lo que yo llevo dentro". Así como la abundante agua, que nada la ensucia, que siempre está lista para refrescarnos y para calmar nuestra sed, así soy yo con mis pensamientos y mis sentimientos, como esta fuente inagotable de agua que siempre está lista para servir. Soy invencible, dentro de mí se manifiesta esa energía creadora que todo lo bueno lo consigue, soy paz, soy amor, soy luz. Terminan el ejercicio respirando por 6 ocasiones. Sientan esa pureza total y paz que sale desde su interior.

Armonización para sus niños pequeños. Ustedes pueden armonizarlo desde sus palabras y les pueden sentar cómodamente. Y les van a decir que van a hacer la visita de un campo, pueden ser palmeras o un campo de trigo y ustedes le van narrando, le van a decir cierren sus ojitos y vamos imaginando y ustedes le van describiendo el paisaje. Hemos llegado a un gran campo de trigo y vemos como el viento acaricia el trigo, lo remese, ese color amarillo intenso de cada grano ya listo para ser llevado a la mesa. Vemos como refresca el ambiente, cómo se mueven esas espigas frondosas al aire, como los rayos del sol llegan también a cada una de las espigas y nosotros sentados ahí en medio de esas espigas recibiendo el beneficio de los rayos del sol y ese viento que se mece, se mece, refrescándonos, llenándonos de luz y de fuerza, esos granos dorados representan la abundancia que tenemos en nuestro interior, así como abundantes son los granos de trigo, así abundante es nuestra vida, así somos abundantes, el trigo ha sido sembrado en un buen campo, por eso ha dado sus frutos, así nosotros hemos venido al mundo, para dar frutos buenos, caminamos sobre piedras preciosas, caminamos en una tierra fértil y somos prósperos, somos exitosos, somos felices, estamos listos para servir, así como el trigo está listo para nutrirnos y alimentarnos, nosotros estamos listos para servir y ser buen ejemplo para los demás y así le vamos narrando, la frescura del viento y el niño, la niña sentadito va observando. Luego asimismo le hacemos que abra sus ojitos cuando ya le decimos "bien, ya viene la tarde, ya está la caída del sol, ya comenzamos a sentir frío, nos vamos a regresar a casa" y le hacemos que realicen ejercicios de respiración o el aliento de vida.

Desbloqueando nuestros Chakras. Los Chakras son centros de energía situados en el cuerpo humano. Se considera que cuando están bloqueados nos enfermamos. Eta técnica del desbloqueo la podemos hacer en el campo, en la playa, al aire libre.

Realizamos ejercicios de respiración por 10 ocasiones, de pie, con los ojos cerrados vamos a pedir la asistencia del Creador de Universo "Yo Soy". de los Arcángeles, Miguel y su Rayo Azul, que nos trae la fuerza y voluntad. Jhophiel y su Rayo Dorado, que nos da sabiduría. Chamuel y su Rayo Rosa, que nos nutre de amor, tolerancia, suavidad. Gabriel y su Rayo Blanco, que nos proporciona la luz que nos guía para tomar decisiones. Rafael, con su Rayo Verde, que nos llena de salud y armonía. Uriel con su Rayo Oro Rubí, que nos colma de abundancia y paz y Zacquiel, con su Rayo Violeta, que nos da perdón y liberación por las transgresiones que hemos cometido en nuestra vida. Sentimos como las llamas se fusionan y penetran por nuestro Chakra de la Corona, recorriendo nuestro cuerpo y purificando nuestros Chakras de la Coronilla, Chakra del Tercer Ojo, Chakra de la Garganta, Chakra del Corazón, Chakra del Plexo Solar, Chakra Sacro, Chakra de la Raíz, llenándonos de voluntad, sabiduría, amor, luz, salud y armonía, prosperidad, abundancia, paz y perdón, esta llama va tres metros debajo de nuestros pies y sube, recorriendo nuestro cuerpo para regresar al Corazón del Yo Soy. Tomamos el Santo aliento o respiramos por 10 ocasiones, nos sentiremos renovados, libres, auténticos, espirituales, damos gracias al Todopoderoso que nos hizo a su imagen y semejanza.

La armonización personal nos ayuda a encontrarnos en el aquí y en el ahora a lograr esa paz interior, a saber, que somos amor, que somos canal de energía, que no solamente somos la parte física, sino también somos la parte psíquica, la parte espiritual y emocional

Y damos gracias al Creador por todo lo que representamos, transformemos nuestra vida para la paz y la prosperidad porque existe esa vida plena en cada uno de nosotros.

Recordemos que traemos la Llama Triple en nuestro corazón: la Voluntad, la Sabiduría y el Amor.

Capítulo V

El poder de las palabras

Las palabras en nosotros tienen mucha fuerza, mucho poder, por eso debemos tener cuidado al pronunciarlas. Yo Soy, el que Yo Soy, nombre sagrado del Creador, somos hechos a su imagen y semejanza es relevante que cuando me refiero personalmente al Yo soy, sólo debo manifestar mis cualidades. Yo soy inteligencia. Yo soy sabiduría. Yo soy amor. Yo soy hijo de Dios y eso me da dignidad de ser humano. Jamás debemos transgredir la palabra sagrada, el Yo Soy.

Recordar que, aunque aparezcan borrascas en cada instante de la vida, aunque densa neblina ciegue la razón y el corazón, en ese instante, detén la marcha, medita, descansa, ponte en las manos de Dios con fuerza y confianza, observando cómo brilla de nuevo el sol. Las palabras tienen esa fuerza instintiva de su creación, cada palabra que pronuncio o pronunciamos tiene que ser una palabra que encierre gratitud, que encierren amor, que encierren esa fuerza que nosotros necesitamos.

Regálate una palabra de vida.

Cada día intercambia una palabra amable con un amigo. Regala una sonrisa, escucha lo que alguien trata de decir, lee el mensaje que te envían. Escucha de corazón lo que no te pueden expresar. Perdona a quién te haya herido, perdónate de tus errores pasados, date cuenta de tus cualidades, descubre tus posibilidades, haz un plan para un nuevo amigo.

Rechaza todo pensamiento negativo. Valora lo que tienes. Valórate. Deja tu carga pesada, recuerda que no eres casa, no eres ropa y tu valor no está en las cosas materiales. Eres la intensidad con la que te mueves, eres la fuerza con la que compartes, eres la vibra con que miras el Universo, eres el amor con las cosas que provees, por eso date situaciones y momentos mágicos en tu vida. Únete con personas maravillosas, haz de tus seres humanos, seres maravillosos. Regálale una palabra de cariño. Dale frases de amor, señales de comprensión. Míralas como si fuera el día último en que la vas a mirar. Proyéctate en tus sueños. Trabaja para ellos. Realízalos. Vive en un clima de amor. Todo tiene sentido cuando se le da valor y gozo a las cosas, todo se te abre para ti, recuerda, no hay derrotas, no hay fracasos, sólo intentos fallidos.

Lee sobre cómo ser mejor persona, lee sobre el respeto, la autoestima. Dibuja en un cuaderno cómo te sientes, qué sentimientos tienes, cómo los puedes sanar, cuánto tiempo te necesitó resolverlos, un optimista ve en toda una oportunidad, el pesimista siempre va a ver una calamidad en todo.

Recuerda que la vida se convierte en lo que uno se imagina, que tus palabras sean palabras sanadoras. Tenemos una amiga, una confidente llena de dulzura y amor. Ella es María, la Madre del Salvador.

Lee un buen libro y ve lo que te quiere transmitir, sólo así lograrás aprender. El amor se cultiva al igual que una planta. Que tu vida sea llena de amor. A todo lo que tienes y posees, dale un valor, dale valor a los que posees a tu lado y que no te pertenecen, eso quieren tus hijos, tu familia, tu pareja que no te pertenecen, pero están allí contigo. Recuerda que cuando quise vivir ame la vida y la vida eres tú. Cuando busqué el saber, amé la verdad, porque la verdad eres tú. Donde quiera que te encuentres, el camino eres tú. Que cuando caminas en cualquier lugar y frente a una situación, no estás sola, no estás solo, a tu lado camina el amigo que nunca nos falla, Jesús.

Afirmaciones. Soy exitosa. Soy feliz. Soy triunfadora. Soy un ser lleno de luz. Todo aquel que camina a mi lado siente esa energía creadora. Soy ese ser que todo lo puede, porque soy la obra maravillosa de la creación de Dios, hecha con amor y decisión. Todo lo que me propongo, lo cumplo, porque puedo, porque tengo inteligencias múltiples y los talentos otorgados por el Creador, desde el mismo momento de mi concepción, soy ese jardinero que puede hacer florecer el jardín con esas rosas hermosas en el corazón de quienes están a mi alrededor. Soy Oasis en la vida de los demás. Soy sabiduría, soy luz, soy paz y mi vida va dejando una huella que trascienden a través del tiempo y del espacio.

Gracias Padre por lo que soy.

Gracias padre por lo que soy.

por tener vida y poder sonreír,

por tener amor y poder amar,

por tener a mis padres

y vivir en familia,

por tener amigos

y poder compartir

Gracias por el calor del sol,

por el azul del cielo y del mar,

por el perfume de las flores,

por el sabor de las frutas,

por el placer de pensar.

Gracias por la mirada

serena de nuestros abuelos,

la sonrisa de los más pequeños,

el trinar de las aves en todo momento,

gracias Padre por haberme creado a tu imagen,

por saber que cuento contigo a cada instante.

Fátima Pérez Bravo

A imagen de Dios.
Hoy me visto Divino Creador,
siento latir mi corazón,
mi cerebro recibe mensajes eternos
y en él se elabora el amor,
mis ojos miran con ternura,
mis labios pronuncian alabanzas,
son mis manos que acogen con cariño
al rico, al pobre, al adulto y al niño,
mis pies me guían por senderos
que tengo que seguir, Oh mi Señor,
anhelante, buscando tu palabra,
que dan y alivian mi dolor.
Todo en mí se mueve, late
cada órgano, sistema y tejido
dicen que soy la obra tuya,
fuente de luz y sonido.
Hoy me visto Padre Amado,

me he sentido y reconozco quién soy,
ese cúmulo de amor y riqueza
hecha con dignidad y dedicación.
Descubro mi importancia en el mundo,
con mi plan de salvación,
nada más agradable que ayudar,
acoger, emprender y dar amor.
Hoy me escucho y a mí se me escucha,
eso es hermoso Señor,
es tu pedagogía que nos legaste
al mirar en el prójimo, tu rostro, Creador.

Fátima Pérez Bravo

Rayos

Protección,

Sabiduría,

Amor,

Renovación,

Armonía,

Prosperidad

y transmutación

en gama cromática del día,

arcoíris es ya mi vida,

Arcángeles y Ángeles celestiales

circundan a mi alrededor,

música celestial ellos me brindan,

música que cada día me manda Dios.

Fátima Pérez Bravo

Poema necesito soledad.

Para encontrarme con el Dios interior
que me anima a continuar viviendo mejor cada día,
para pensar qué cosas buenas
nos ayudan a caminar,
en las que tengo que cambiar
para hacer felices a los demás
Necesito soledad
para trazar nuevos caminos en la vida,
para aprender a valorar
a los seres de la creación,
Para escuchar el trino de las aves,
el ruido del río al pasar por su cauce.
Y el abrir nuevos pétalos las flores,
para escuchar el clamor de mis hermanos
aquellos que solo quieren ser escuchados.

Fátima Pérez Bravo

Soledad

Casi siempre apareces
en la vida de los mortales,
asustas a muchos
y a otras calmas sus males,
te presiento, me visitas,
me haces meditar,
muchos no te comprenden.
Te conozco soledad.
Llegará el momento
en que te esperen con ansiedad.
Soledad, no es de temerte.
Sólo eres pasajera,
te vas y de pronto llegas.

Fátima Pérez Bravo

Amor

En el silencio del amanecer
invoco tu nombre amor.
Me haces estremecer
y le das vida al corazón.
Todos los seres te sentimos
con mayor o menor intensidad.
Y es que para amar nacimos,
así dispuso Jesús con su bondad,
amor, palabra, suave al oído
que todo lo llena de esplendor,
ama al niño por ser niño,
ama al hombre hasta en el dolor,
te invoco amor desde siempre,
ven y habita en mi corazón,
que quien no ama no vive
y yo quiero vivir intenso amor.

Fátima Pérez Bravo

María, Madre

Cual gotas de rocío,

tu esencia nos cautiva.

eres María, misterio,

amor, ternura y sonrisa.

De sutil divinidad

cubierta un día fuiste,

escogida por dulzura,

en Madre del Salvador te convertiste.

Destellos son tus miradas,

para irradiar a tus hijos,

tu mensajero, el viento

de tus promesas de amor.

María savia de vida,

mano que conduce hasta Dios,

contigo a nuestro lado,

jamás sentimos temor.

Fátima Pérez Bravo

Silencio.
En el interior del alma,
como un suave aletear
de mil mariposas escondidas,
se escucha intensamente,
¡Haz un alto en tu vida!
Un silencio sepulcral
todo lo envuelve,
bruma, cual serpiente furtiva
a veces se va, a veces vuelve,
de pronto piensas inquieto
¿Acaso es malo el silencio?
Te hace ver los escollos de la vida,
descubre lo que vive y lo que muere.
Entonces no, no es malo el silencio,
entre tanto y tanto ruido,
pasa el tiempo y observamos

que muchas voces callaron,

aquellas que nunca escuchamos.

Yo te invito amigo silencio,

para recordar al ser amado,

para saber que aún vivimos

para encontrar en el camino

ese ansiado amor divino.

Silencio, raudales de silencio,

es lo que todos anhelamos

entre tanto y tanto ruido,

para escuchar el "yo te amo"

que te da el ser querido.

Fátima Pérez Bravo

"Recuerda, que nada te impida mirar las estrellas."

"Nacimos para ser triunfadores, exitosos y felices, mirar el firmamento y leer ese gran letrero que dice. "Te hice por amor y debes vivir para amar."

Por medio de este código QR, puede escuchar temas contenidos en el libro.

Visite mis págs. del Facebook

Habilidades para la Vida

Fátima Pérez B.

Habilidades para la Vida

Fátima Pérez Bravo

Made in the USA
Middletown, DE
19 November 2024